TRIPOTAGES & TRIPOTIERS

MANUEL

DU

VÉRITABLE

ENSEIGNEMENT RÉPUBLICAIN

par

CHARLES, citoyen indépendant

Prix : 50 centimes

EN VENTE :

Chez les principaux libraires

MANUEL

DE

L'Enseignement Républicain

Interpellation de Broglie au sujet des Manuels. — Réponse de M. Jules Ferry :

« .... Et j'ajoute que tomberont sous le coup des réprimandes ministérielles tous les livres qui contiennent des attaques contre la République que nous aimons.

(Séance du 31 mai 1883. Extrait).

Il y a donc DEUX républiques : — *Celle que nous aimons et celle que nous n'aimons pas.*

Aujourd'hui tout le monde s'occupe de politique, y compris les petits enfants qui, dans une composition d'histoire, ont comme sujets à développer : « L'Abolition

des priviléges, les Bienfaits de 89 ». Chez
les femmes, l'aiguille à tricoter a fait place
aux journaux. Les flâneurs, au détriment
des coudes de leurs vêtements et du fond
de leurs culottes qu'ils usent sur les tables
et les banquettes des cabarets, lisent, du
matin au soir, toutes les feuilles et écrits
périodiques ; d'autres recherchent de pré-
férence certains journaux dans lesquels ils
sont sûrs de puiser une véritable satisfac-
tion dont ils jouiront sournoisement, en
apprenant un scandale quelconque, la révocation d'un maire ou tout autre fonc-
tionnaire public auquel ils tendent régulièrement la main en signe d'amitié. Les
grands tapageurs des clubs passent des
nuits entières à apprendre par cœur certains articles ronflants qu'ils débitent le
lendemain, comme venant de leur crû,
avec cette voix avinée qu'on leur sait, et
cela, à la grande admiration de leurs auditeurs dont la plupart ne savent pas
lire.

La politique a envahi les villes, les campagnes. Dans ces petits hameaux très reculés où l'on voyait autrefois, comme se distinguant des autres, un idiot, qu'on appelait communément l'*Idiot du pays*, on compte aujourd'hui un malin, *Gros-Jean*, c'est-à-dire celui qui est le plus républicain, mais qui n'est pas toujours le plus travailleur et surtout le plus honnête.

Beaucoup s'occupent de politique sans savoir pourquoi, n'ayant rien à gagner, rien à perdre sous n'importe quel gouvernement. Ceux-là ressemblent assez à ces pauvres diables, sans le sou, qui sont le plus acharnés à prendre régulièrement connaissance du cours de la Bourse: les devantures des maisons de banque en sont ordinairement garnies.

Il y en a encore (ils sont très nombreux) qui vont à la piste de toutes les nouvelles, suivent pas à pas tous les évènements, dans l'espoir de voir en échec la République dont ils sont dégoûtés, rassa-

siés, après avoir, toutefois, contribué à son
avènement par un bulletin de vote. En
public, ils n'osent avouer leurs regrets;
en les entendant parler, on les prendrait
pour des purs , mais leur chauvinisme
n'est dû qu'à la lâcheté, puisqu'ils n'ont
point le courage de leur opinion présente.
L'entêtement et la bêtise y sont aussi pour
beaucoup; à la place de pain, la République leur donnerait-elle des cailloux, ils
en mangeraient, voulant même persuader
aux autres qu'ils sont tendres (les cailloux.) Seuls, retirés chez eux, ils jurent
contre le gouvernement et font le serment, sur la tête de tous les diables, qu'on
ne les repincera plus.

Puisque tout le monde s'occupe de politique, nous serions heureux de voir ce
petit *Manuel de l'Enseignement républicain*
entre les mains de tous les citoyens,
hommes, femmes et enfants, en un mot,
de tous ceux qui savent lire.

Ce n'est pas de l'enseignement donné

par la République que nous voulons parler, mais de celui qui nous vient directement de ceux qui la gouvernent et qui devraient se laisser gouverner par elle. Loin de nous la pensée d'attaquer la *vraie* République.

De fait, son gouvernement n'a jamais existé sur les bases de la *Liberté*, de l'*Egalité* et de la *Fraternité* qui constituent sa devise sublime. Il n'a toujours été et ne sera toujours que le rêve d'un gouvernement purement idéal, issu du cerveau de quelques utopistes dont la générosité, l'abnégation et le dévouement n'ont point compté avec les faiblesses et les passions humaines. Ce sont précisément ces faiblesses et ces passions qui en ont dénaturé le sens et l'esprit, avant même que la République ait pu donner ses preuves.

Démocratique, une, seule et indivisible, tous les noms dont on l'a baptisée, *rouge* ou *radicale, conservatrice ou modérée,* toutes les coiffures qu'on lui a données

différentes époques, tous les drapeaux
de différentes couleurs dont on l'a en-
tourée sont l'œuvre de la désunion,
du tumulte, de la révolution. Autant de
coups portés à sa personne, autant d'in-
jures à sa devise. Au lieu de monter jusqu'à elle, on l'a fait descendre de son pié-
destal. Les uns l'ont traînée dans la boue,
les autres, dans le feu et le sang ; la plupart s'en sont servis comme d'un escabot
pour arriver à la fortune, aux honneurs.
Ils prétendent que la République est assise
et c'est précisément sur elle qu'ils se sont
assis. On l'a escamotée ; elle a disparu.

De son cadavre ils ont fait un immense
mannequin dans les flancs duquel se
trouvent pêle-mêle malfaiteurs et vaga-
bonds, ambitieux et traîtres, insensés et
aveugles, hypocrites et menteurs ; les
gens de bonne foi, les *vrais* républicains
qui, par mégarde ou faux calcul, s'y sont
laissés entraîner par le flot révolution-
naire, ne demandent qu'à en sortir ; pas-

sent encore tous ces idiots qui s'y sont
glissés sans savoir pourquoi, et n'ont, en
fait de raisonnement, qu'une seule chose
à vous dire : « J' suis républicain, parce
que j' suis républicain. » On l'a attelé au
char de l'Etat; les passions et les intrigues
font l'office de machine à vapeur. Notez
bien que le prix des places est plus particulièrement à la charge des plus mécontents.

Bien grande est la différence qui existe
entre la *vraie* République et l'autre tra-
vestie par les faux républicains. Cette différence s'accentue de jour en jour. Dans
leurs discours, leurs écrits et leurs votes,
ces derniers donnent continuellement, suivant l'expression connue, des coups de
canif dans le contrat social. D'ailleurs,
comment voudriez-vous que nous puis-
sions jouir des bienfaits de la *liberté*, lorsque le principe de l'obligation s'impose
d'une façon menaçante? Bientôt on ne
sera plus rien chez soi, et, pour peu que

cela continue, on n'aura même plus de chez soi.

Quant à *l'Egalité*, ceux qui se sont faufilés dans les coulisses gouvernementales ne prêchent guère d'exemple. Nous verrons plus loin où nous en sommes à ce sujet, mais disons en passant que tout ce qu'ils reprochent aux gouvernements précédents, monarchie, royauté, empire, refleurit aujourd'hui avec plus de vigueur que jamais. C'est à qui d'entre eux tiendra le haut du pavé. C'est le règne par excellence des côteries, des faveurs, de l'accaparement, du cumul. Il y en a qui se nourrissent à tous les rateliers, qui reçoivent des deux mains. Rien de plus naturel, dira-t-on, que de penser d'abord aux membres de sa famille. Mais, de grâce, pourquoi reprocher aux autres ce que vous faites vous-mêmes dans des mesures encore plus étendues !

C'est une vraie pépinière où les charges et fonctions administratives sont cultivées par les mains rapaces du père, des fils, petits-fils, neveux, gendres, beaux-pères, cousins, etc., etc. Ceux qui n'ont point de famille distribuent des dragées à leurs amis. Un ministre qui n'a pu caresser son portefeuille que pendant 24 heures, le temps à peine de l'ouvrir, a trouvé le moyen de laisser à ses vieux copains, camarades de collége ou de brasserie, des traces de son passage aux affaires, par ces petits cadeaux commémoratifs que les jaloux appellent hochets.

Et la *Fraternité !* Nous en avons des preuves tous les jours dans les réunions publiques : échange de coups de poing, de coups de canne, horions par-ci, horions par-là, un œil poché, une mâchoire brisée, etc., etc. Dans ces réunions les républicains ne tapent point sur les royalistes, pas plus que les royalistes sur les républicains ; ce sont les républicains qui tapent dur et ferme sur les républicains. Si

1.

c'est en cela qu'ils se montrent *frères* et *amis*, ils réussissent bien !

Ils nous font penser à cet enfant qui, apprenant à lire sur une pièce de monnaie frappée à l'effigie de la République, et, désireux d'obtenir cette pièce en récompense, ne négligea rien dans la lecture ni dans la ponctuation, donnant même à sa façon l'explication de la gravure . Commençant par le verso : « *Liberté* . (point) *Egalité* . (point) *Fraternité* . (point). Puis, passant au recto et examinant la chevelure : « *des tresses* » partout ; *Oudiné*, sous la République (nom du graveur) — à la belle *étoile* (étoile qui se trouve au-dessus de la tête.) Cette image rend assez bien la situation.

Pour que la République puisse exister avec ses trois vertus théologales, Liberté, Egalité, Fraternité, il faudrait qu'il n'y ait plus, pour ainsi dire, de républicains. Singulier spectacle que nous aurions alors ! Dégagée de ceux qui prétendent la servir, sous le fallacieux prétexte. d'être utiles au pays, ramenée à ses premiers principes, noble et belle, telle qu'elle a été conçue par des révolutionnaires pacifiques, amis de l'humanité, elle réunirait sous son étendard tous les citoyens honnêtes, sans exception de parti. Tous seraient ses sujets et tous jureraient fidélité à la Liberté, à l'Egalité, à la Fraternité. A ce compte-là, on aurait tout aussi bien des rois et des empereurs républicains ; et pourquoi pas ? La République ne nous enseigne point autre chose, mais, comme les hommes seront toujours les mêmes ou à peu près, quelles que soient les modifications en bien que l'avenir peut nous réserver, il y aura toujours des dupes, des mécontents, des ambitieux, des hypocrites et des sots.

Puisque l'exemple devrait nous venir d'en haut, ne sommes-nous pas en droit d'exiger un peu plus des vertus civiques de ceux qui s'abritent derrière elle pour nous gouverner ? En passant sommaire-

ment en revue leurs faits et gestes, leurs
moyens d'action, leur prétendu désintéressement et leur patriotisme, nous verrons ce qu'ils sont pour la plupart, nous
les apprécierons à leur juste valeur. Tout
ce qu'ils ont touché ils l'ont sali ; la besogne qu'ils ont préparée et préparent chaque jour à ceux qui leur succèderont est
immense, si l'on songe qu'il faudra défaire
ce qu'ils ont fait et rétablir ce qu'ils ont
défait, car tout demande réparation pour
l'avenir. Soyons moins enthousiastes lorsqu'il s'agit de les porter aux nues ; ne
nous laissons point séduire par leurs beaux
discours en plein vent qui changent
de nuances, selon les localités où ils
vont se faire adorer. Rien de plus élastique que leurs paroles ; et ces airs de
componction qu'ils prennent parfois à l'aide
d'une figure en caoutchouc, lorsqu'il s'agit
de verser des larmes de crocodile sur la
misère du peuple. Ils ont voulu le *bien du
peuple*, ils le possèdent maintenant ; que

peuvent-ils désirer encore ? En l'an 13 de notre république, le nombre de ces faux républicains n'a fait qu'augmenter. Ils sont maîtres de la situation.

Voyons maintenant ce qu'ils ont fait :

Grâce au fouillis inextricable qui sert d'échafaudage aux différents travaux parlementaires on ne sait plus où l'on en est. Qui pourrait définir la politique actuelle de la France ? Qui oserait dire aujourd'hui que « nul n'est sensé ignorer la loi » ? A ce compte, les députés eux-mêmes se montreraient embarrassés, à plus forte raison les électeurs. Démolir pour construire, reconstruire pour démolir, ébrèchements, replâtrages de droite et de gauche, propositions saugrenues élaborées entre un moka et un bock, tel a été l'emploi du temps.

De toutes les lois qui ont été retouchées, écornées, aucune ne présente des conditions de longue durée; toutes favorisent les uns au détriment des autres et, mal-

2

heureusement, divisent la société en deux camps ennemis. On aura beau dire que c'est l'expression du pays et qu'en temps de suffrage universel c'est la masse qui doit gouverner ; il ne faut pas compter seulement avec le *nombre* pour croire à la légitimité du succès, il faut encore savoir de qui l'on tient le succès. Diogène avec sa lanterne n'eût point été partisan du suffrage universel.

Lorsque le duc de Grammont monta à la tribune pour faire savoir officiellement que la guerre était déclarée entre la France et la Prusse, il y eut des applaudissements frénétiques. Thiers qui, avec raison, pensait et voyait différemment, ne put s'empêcher de murmurer ; il voulut prendre la parole, mais sa voix fut étouffée par le *nombre*. Il n'y avait plus à lutter ; impossible de se faire entendre. Le soir même de cette journée à jamais néfaste, tout Paris était en fête ; on chantait la victoire avant d'avoir engagé le combat ;

les boulevards regorgeaient de monde ; la circulation devenait de plus en plus difficile ; avec un enthousiasme indescriptible dont le souvenir fait encore verser des larmes, tout Paris criait, sur l'air des lampions : « à Berlin ! à Berlin ! » La nuit ne se passa point sans que les vitres de l'hôtel de la place Saint-Georges ne reçussent des pierres. Quiconque aurait osé manifester des sentiments opposés à la guerre eût été écharpé sur place.

La foule ne raisonne pas, et vouloir lui faire entendre raison est chose impossible, si non dangereuse pour celui qui s'y hasarde. On peut l'éblouir à l'aide de fausses promesses ; dans certaines localités ce moyen est infaillible, et c'est parce qu'il réussit toujours, malgré les leçons du passé, que les faux républicains l'emploient à leur service.

D'ailleurs, les votes de la majorité ont-ils toujours été l'expression unanime de la réunion des mêmes idées, le résultat

d'un même point de vue ? On se trouve
autorisé à supposer le contraire lorsqu'on
sait qu'il n'existe dans aucune nation une
Chambre plus disloquée que la nôtre. De
quel côté se trouve donc une majorité
bi.n entendue ? De quelle force jouissent
donc toutes les lois nouvelles ? Sans compter les autres, les noms terminés par *istes*
nous donnent des preuves de l'union qui
préside aux votes de la majorité :
monarchistes, *légitimistes*, *bonapartistes*,
impérialistes, *socialistes*, *dissolutionnistes*,
révisionnistes, *gambettistes*, etc, etc.

En raison de leur multiplicité, les diverses propositions soumises à la Chambre,
les projets, contre-projets, amendements,
contre-amendements, articles additionnels
nécessiteraient une analyse fort longue et,
surtout, fort ennuyeuse si l'on voulait,
par exemple, reproduire les paroles avec
accompagnement ; dans certains cas, l'air
vaut mieux que la chanson ; dans d'autres,
c'est encore l'air qui fait la chanson, lors-

qu'il s'agit de haines, de vengeances et d'intérêts *personnels* satisfaits sous le masque du patriotisme et du plus pur désintéressement.

Aussi n'avons-nous pas pris à tâche d'énumérer ici les travaux plus ou moins parlementaires des différentes sessions. Certains, cependant, ont attiré l'attention générale par leur côté vraiment politique et leur bon sens pratique. Pour n'en citer que deux entre mille, nous vous demandons où en serait aujourd'hui la France si, parmi nos honorables, une voix autorisée n'avait fait surgir de la... culotte d'un collégien une question politico-religieuse, en exposant le danger qu'il y aurait pour la sûreté de l'Etat à ce que les élèves des écoles *congréganistes* portassent l'uniforme des colléges de l'Université??? Et cependant, des goûts et des couleurs....

Autre proposition : elle consiste celle-là à coller les affiches électorales sur le mur

des.....églises. N'y manquait qu'un article
additionnel pour qu'elles fussent collées
dans les sacristies. Et tant d'autres bêti-
ses de ce genre qui prouvent qu'on n'est
pas député pour rien.

Ce que font aujourd'hui les faux républicains diffère peu, quant au fond et à la
forme, des actes de leurs prédécesseurs.
La pierre de taille a été remplacée par le
moellon, l'ardoise, par du chaume. Les
tuiles qu'on croyait emmagasinées pour
l'avenir commencent à nous tomber sur
la tête. N'ayez peur pour eux ; ils savent
toujours se mettre à l'abri. A certains
endroits tout est factice comme leur politique. L'illusion plus ou moins séduisante
et trompeuse s'impose pour la réalité,
mais le fond est entièrement vermoulu.
Tant pis pour ceux qui se laissent fasci-
ner. — Au sujet de la crise du Ministère-
Freycinet, le *XIX*e *Siècle* définissait la
situation, comme suit : « *Un an ne s'est pas
encore écoulé depuis les élections d'août*

1881, et déjà cette Chambre est morte; elle est pis que morte, elle est pourrie. »

C'est donc dans la pourriture qu'on travaille actuellement. Comme ça doit sentir mauvais, depuis le temps ! !

La plupart de ceux qui ont employé les vieux matériaux de 89 et qui, le cas échéant, auraient également recours aux sanguinaires brocantes de 93, rajeunies par le souffle brûlant de la Commune, sont les premiers à se mettre en garde contre ces saintes poutres révolutionnaires qu'ils présentent à la vénération du peuple, comme de pieuses reliques, mais qui ne leur servent à eux que de marche-pied. Tels sont ceux qui prétendent nous ramener à cette époque de la Révolution française marquée principalement par l'*Abolition* des *privilèges*. — Voyons-les à l'œuvre :

L'égalité n'est pour eux qu'un pesant fardeau dont ils se débarrassent à force d'intrigues. — Qu'il est loin ce vieux et légendaire grenier républicain où moururent tant de braves citoyens, après avoir consacré leurs biens et leur existence à la Chose publique ! Nous avons de singuliers exemples de cette austérité républicaine.

Aujourd'hui, c'est à qui décrochera la timbale. La fortune, les priviléges, les honneurs et les places n'ont jamais été autant recherchés que par nos *démocrates* du jour. Pas de discours où l'on ne fasse ressortir ses mérites personnels; on se congratule; on se passe réciproquement l'encensoir; c'est vraiment touchant ! On banquette pour faire aller les affaires et soulager les malheureux; on boit du champagne à la santé du peuple; on porte des toasts à la santé des vivants et des morts. De l'égalité, allons donc !

Suivons-les maintenant dans leurs tournées pastorales pendant lesquelles ils se donnent de l'air à pleins poumons, se gavent jusqu'au menton, se livrent à de nobles orgies qui n'ont rien de commun

avec la frugalité du peuple, nous verrons
encore que la simplicité de leurs mœurs
républicaines exige qu'ils s'approvision-
nent de croix de la Légion d'honneur, de
palmes d'Officiers d'académie, de médail-
les d'or ou d'argent; c'est un vrai maga-
sin de bibelots et d'instruments honorifi-
ques qu'ils distribuent, en guise de monnaie, pour payer les frais de leur récep-
tion. C'est encore un moyen d'équilibrer
l'égalité entre les citoyens. Ils élèvent
des statues pour qu'on leur en élève un
jour; il y en aura bientôt en France autant
que de pavés dans les rues.

Non contents des honneurs qui leur
sont faits, sur commande, à chaque gare
pompeusement tendue, pavoisée, illumi-
née, enrubannée, ils ont obtenu la faveur
de voyager sans porte-monnaie, au moyen
de cartes donnant droit à tous les trains et
aux *placés de luxe*. Ce serait d'un œil
attendri que nous les verrions rouler ainsi
leur bosse à si bon marché, si nous ne

2.

songions que nous autres nous sommes
roulés par eux, sur toute la ligne y
compris le chemin de la ficelle. Cette
faveur était bien due à ceux qui n'ont fait
qu'entr'ouvir la bouche pour bâiller pendant toutes les séances, à ceux qui n'ont
demandé qu'une seule fois la parole pour
obtenir un congé.

N'est-ce pas encore l'ambition qui trans-
forme le Conseil municipal en anticham-
bre du Palais-Bourbon ? Les conseillers
municipaux de Paris sont aujourd'hui des
sous-députés ; ils veulent être députés.
Les députés veulent être sénateurs, les
sénateurs, ministres, les ministres veulent être.... Ici nous nous arrêtons, ne
voulant point toucher à la personne du
Président de la République, le moins
ambitieux de tous ceux qui l'entourent,
puisqu'il ne demande pas à monter plus
haut.

Tout est trop petit en temps de République, tous les fonctionnaires se trouvent

trop à l'étroit; rien n'est assez beau. On fait agrandir les ministères, on fait repeindre et redorer le cabinet du ministre, sur le ton de la plus pure démocratie. Que d'embarras, mon Dieu! est ce possible! — Allons plus loin : — les maires ne peuvent plus sutfire à leur besogne; ils demandent un supplément de personnel. Les conseillers réclament un traitement; craignant de passer inaperçus parmi les simples mortels qui les ont élus, ils ont recours à un signe distinctif, ils se décorent.

L'acharnement que chacun met à parvenir donne une triste idée des personnes. Grands et petits, petits et grands, tous s'agitent, se bousculent, grouillent pêle-mêle, se coudoyant, s'insultant, se menaçant au nom de la *Fraternité*. Singulier contraste! Ils n'ont tous à la bouche qu'un seul mot de ralliement : « Vive la République ! » Nous les voyons à l'œuvre, unis, comme par le passé, à l'aide de camps retranchés. —

La politique n'est plus qu'une affaire de métier et de commerce. Les uns ont fait leur apprentissage dans la boutique des marchands de vins ; ils sont parvenus à l'aide de mots creux et sonores, de péroraisons emphatiques, de petits verres, de bouts de cigares généreusement abandonnés à leurs auditeurs. Les autres ont quitté la carrière des sciences, des arts, de la littérature, de la médecine, du barreau, pensant mieux réussir, au point de vue pécuniaire, en venant s'asseoir sur les bancs de la Chambre, dans les ministères, au Sénat, etc., etc. Ce ne seront plus les malades qui, dorénavant, garderont la chambre, ce seront les médecins. Quel gâchis ! Et dire que tout cela est le produit de l'ambition ; que le patriotisme n'y entre pour rien !

Voilà les hommes qui veulent nous faire croire à la sincérité de leurs opinions ! Connaître les opinions politiques de son semblable n'est pas toujours chose facile,

mais ce qui est plus difficile encore c'est
de connaître celles d'un député. De toute
sa circonscription il est quelquefois le seul
qui les laisse soigneusement cachées.

Ils ont singulièrement emmêlé le chi-
gnon de la République depuis qu'ils lui
donnent tous à la fois tant de coups de
peigne en sens opposé. Comme politique
intérieure, ils se sont appliqués à mécon-
tenter à peu près tout le monde, ils n'ont
fait que renverser et démolir. Et toutes
les réformes abordées, ébréchées et
laissées en place ? La conversion de la
rente, il est vrai, a marché bon train ; il
serait à souhaiter que nous eussions celle
de la République, ce qui vaudrait bien
mieux.

On recherche aujourd'hui la célébrité et
l'illustration dans la scélératesse, le char-
latanisme et la fange. Les belles actions
ne sont plus à l'ordre du jour, et comme
signe des temps, ceux qui font le bien,
sont obligés de le faire en cachette ; ils

ont d'autant plus de mérite qu'ils ne le font jamais *impunément*.

En tracasseries, vexations, mesures tyranniques et inquisitoriales exercées à l'égard de certains citoyens, français par la naissance, français par le cœur, on s'est montré à la hauteur de l'ignominie. Sur plusieurs points du territoire, de nouvelles ruines attestent encore le succès de la force et de la violence contre le droit. Les victimes du 2 Décembre, dont on s'occupe actuellement, nous font penser aux proscrits de la République. Les vrais *Jésuites* ne sont pas ceux qu'on pense, et si nous voulions nous occuper de la question religieuse, nous dirions purement et simplement, avec une entière indépendance : « Ce n'est pas le clergé qui s'occupe de votre fausse politique, faux républicains ! C'est vous qui vous occupez du clergé, votre politique est entrée dans l'Eglise, on veut l'en chasser : on a raison. »

Depuis que les rôles sont intervertis

ceux qui crient : « le cléricalisme, voilà
l'ennemi ! » sont dans le vrai. De même
que les gendarmes sont les ennemis des
malfaiteurs, le cléricalisme est l'ennemi
de la *Liberté* dans le mal, de l'*Egalité* dans
le vice, de la *Fraternité* dans le crime. —
Il n'est pas nécessaire de pratiquer la religion pour comprendre qu'il ne peut pac-
tiser avec ceux qui battent en brèche l'in-
tervention divine et nient, par conséquent,
sa doctrine et son autorité. De nos jours
on fait trop bon marché des rapports qui
unissent l'Eglise à la démocratie (ne pas
confondre avec la voyoucratie). Les
enfants du peuple y trouvent un refuge
assuré contre la misère, et le pain quoti-
dien qu'elle distribue aux indigents vaut
encore mieux que les beaux discours de
nos ventrus politiques, polichinelles à deux
bosses constamment en trains de plaisir.
— Les sciences, les arts, la littérature,
l'enseignement, l'éducation, toutes les
économies politique, sociale, domestique,

toutes les œuvres de véritable philanthro-
pie et de fraternité lui sont redevables.
Bien mal avisés sont ceux qui désirent
dépouiller l'Eglise de son prestige et de
son autorité. Sous le masque du dévouement, ils protestent de leur attachement
à la religion, de leur respect pour les
croyances; plus ils tapent dur, plus ils sont
mielleux dans leurs expressions. Ils n'osent
l'attaquer en face et d'un seul coup, mais
pour faire disparaître les hommes, ils
tuent les institutions. De quelle autorité
relèvent-ils donc ces gens-là ? A quelle
lumière ont-ils allumé leur flambeau ?
Peuvent-ils nous dire où l'humanité a
puisé le principe de cette autorité qui fait
qu'un homme est supérieur à un homme,
que l'un commande et l'autre obéit ? Peuvent-ils nous dire aussi à quelle source il
faut remonter pour s'expliquer ces inéga-
lités de conditions dans la vie humaine? Si
nous leur obéissons par force, nous sommes leurs esclaves, si non, c'est à un sen-

timent de conformité à la volonté de l'Etre suprême que nous obéissons. En reniant Dieu, ils nient le principe de toute autorité et, par conséquent, ils nient la leur qui ne doit avoir force ni de commandement ni d'obéissance.

Pourquoi n'ont-ils pas encore résolu ce grand problème de la *séparation* de *l'Eglise* et de l'*Etat* ? La raison est bien simple, la voici : ils abrégeraient le temps de leurs félicités et de leurs jouissances. Ils savent bien, malgré tout, que la religion maintient le calme au milieu des orages *politiques* et des bouleversements sociaux; ils comptent encore sur elle comme sur un flotteur qui empêche le débordement des ignominies. Une fois Dieu chassé de son temple et du cœur des humains, le bonheur terrestre serait le seul à conquérir. Le sol que nous foulons, témoin pour eux de tant de joie, de plaisirs matériels, d'ivresse et de bonheur; pour les autres, de tant de misères, de privations, de fatigues et de larmes, se convertirait en un vaste champ de bataille où l'action serait définitivement engagée, chacun voulant la meilleure place, jouir des plus grands revenus, dominer en maître. La séparation de l'Eglise et de l'Etat entraînerait la République dans un conflit politico-religieux dont les issues lui seraient assurément fatales, pour ne pas dire mortelles. Il y a encore des catholiques en France, et les catholiques sont des citoyens avec lesquels il faut compter. Il est bien évident aussi que les puissances étrangères qui n'ont pas dit adieu au bon sens et se convertissent pendant que nous nous pervertissons, ne verraient pas la chose avec indifférence.—Le christianisme nous a apporté la civilisation; plus on tend à le détruire, plus on retombe dans l'esclavage et la barbarie. — Quant au budget des cultes, on prétend également que le *Clergé*, étant *payé par l'Etat, doit se soumettre à la loi*. Cette objection mille et mille fois répétée est d'autant plus stupide qu'elle semble indiquer que ceux qui ne sont pas payés par l'Etat peuvent se soustraire à la loi. N'est-ce pas vrai? Cette phrase est particulièrement moulée dans la bouche de ceux qui, au point de vue de l'impôt, n'ont même pas la valeur d'un simple caniche. Ils disent mieux : « *Nous payons le clergé.* » Ignorent-ils que ceux qui voudraient voir la République au diable payent aussi pour la maintenir ? L'argent n'a pas de couleur, en cette circonstance. Ne sont-ils pas obligés de contribuer à la création et au développement de certaines institutions qu'ils méprisent et répudient ?

Besoin n'est pas d'aller bien loin pour découvrir la cause de cet acharnement contre l'Eglise.

Pour se maintenir dans les bonnes grâces de ceux qui les ont élus, certains heureux du jour sont obligés de donner à la canaille un os à ronger, trempé dans la sauce républicaine. Il y a là comme quelque chose du mandat impératif.

A des êtres ignobles qui composent une bonne partie du suffrage universel grâce auquel ils sont arrivés, le clergé est donné en pâture, par pièces et morceaux. Après le clergé vient l'armée de laquelle on a éliminé d'illustres chefs foncièrement honnêtes, d'un patriotisme au dessus de tous soupçons. Aujourd'hui, c'est le tour de la magistrature qu'on veut dépouiller de l'hermine blanche, pour lui faire prendre la couleur exclusivement locale, celle d'un homard cuit assis sur un fauteuil de velours écarlate, sans Dieu ni boussole, c'est-à-dire sans conscience ni justice. Nous comptons trop sur la loyauté de la magistrature française pour qu'il en soit ainsi. Une magistrature obligatoire et exclusivement républicaine ! Alors de crier gare aux prévenus qui ne seraient pas républicains et qu'on pourrait juger avec des verres grossissants. Par contre, on serait plein d'indulgences à l'égard des frères et amis qui, bien entendu, formeront, comme toujours, le gros de la clientèle.

Demain, on servira comme plat du jour la désunion des unions légitimes, au moyen du divorce. Le libertinage et le concubinage pourront s'en donner à discrétion. C'est ainsi qu'on sacrifie à la *voyoucratie* de notables partis de la société. Ceux qui la satisfont dans ses appêtits ignobles ont besoin d'elle, c'est une condition *sine quâ non* pour toucher aujourd'hui les émoluments d'un député ou d'un sénateur.

Ils savent bien que le prétendu nivellement de la Société française, qui consiste à se ravaler jusqu'à la canaille pour obtenir l'égalité, est incompatible avec les traditions, les tendances, les mœurs et le caractère français. Autant le peuple est honnête, intelligent et laborieux, autant la populace (celle que Gambetta voulait poursuivre jusque dans ses repaires) est

abjecte. Les concessions qu'on lui a faites
depuis quelques années, celles qu'on lui
fait tous les jours l'encouragent à sortir
de ses repaires, lui donnent une hardiesse
qui va jusqu'à l'empiétement, jusqu'à la
provocation. Dans le commerce le plus
banal de l'existence, dans les rencontres
les plus insignifiantes et les plus impré-
vues, dans les réunions, les associations
et même en pleines rues on se trouve singulièrement incommodé par son voisinage.
Pour elle, la liberté dégénère en licence
et, par droit de conquête (?) ceux qui la
composent vous marcheront bientôt sur le
corps. Ils prennent l'ombre pour la réalité;
depuis qu'il est question d'enseignement
gratuit et obligatoire, ils s'imaginent qu'ils
sont instruits ; vous causent de tout avec
un aplomb incroyable, pérorent avec gestes
et manières (quels gestes ! quelles manières !) parlent plus haut que les autres, hur-
lent quelquefois, et, sous un habit crasseux
et déguenillé qui n'a jamais connu le tra-

vail ni la poussière de l'atelier, se frottent contre vous, vous forcent à les écouter avant d'avoir cuvé leur vin. Ce ne sont point des ouvriers laborieux, croyez-le, puisqu'avec ces derniers ils sont en querelles comme avec le rentier et le bourgeois. — *La France est à nous, nous sommes des répubicains*; c'est nous qu'*ont* fait *la Répubique*; nous avons les mains sales (ils vous montrent leurs mains, en attendant qu'ils vous montrent leurs pieds) nous sommes des *ouveriers*! C'est la main des travailleurs! Nous sommes les maîtres! A nous la destinée! C'est pour nos enfants *qu'nous* travaillons! *Pus d'religion*! Vive la *Répubique*! Nous sommes tous frères! — En vous disant cela, ils vous jettent un regard de tigre qui n'a rien de fraternel du tout.

Dans un autre ordre d'idées et pour arriver toujours au même but, certains républicains (de la république que nous n'aimons pas) se sont accaparés de la jeu-

nesse à l'aide de gâteaux, de petits costumes militaires, de fusils, de tambours, de
clairons, de trompettes et même de drapeaux.

Plus de cachot dans les colléges, *depuis
la rébellion du collége Louis-le-Grand.* Le
temps viendra où les maîtres seront obligés d'obéir aux élèves. Singeries et enfan-
tillage ; amusements des enfants, tranquillité de la République. Pourvu que les enfants qui respectaient tant autrefois l'habit militaire ne soient pas dégoûtés du métier, quand ils seront en âge d'être de vrais
soldats et non des soldats *pour de rire.*
Des enfants on veut en faire des hommes
par anticipation. — Au catéchisme de
l'Eglise on a opposé une sorte de catéchisme national agrémenté d'une morale
élastique, de pure fantaisie, dont le princi-
pal tort est de mettre tout le monde à
l'aise, avec cette souplesse et cette bon-
homie qui n'ont rien de *spirituel.* —
« L'homme, a dit Buffon, tient ses quali-

tés morales plus particulièrement du cœur
de *sa mère* ». — On dira maintenant qu'il
les tient du cœur de M. Paul Bert! Du
cœur de M. Paul Bert !! Comme ce sera
touchant ! Encore un qui aura une statue
après sa mort. Figurez-vous voir M. Paul
représenté avec ses chiens pelés et son
manuel de morale et d'éducation civique.
Quel rapport et quelle ressemblance, surtout ! !

A propos, les manuels d'éducation civique porteraient-ils déjà leurs fruits ? On
serait tenté de le croire, à en juger par les
expressions choisies dont se servent nos
jeunes écoliers (*la nouvelle couche civique*)
Depuis qu'on a chassé Dieu de l'école, ils
jurent comme de vieux charretiers ; leurs
jeux sont assaisonnés de *nom de* D...
qu'ils vous débitent avec un aplomb im-
perturbable.— Avant d'avoir l'âge de raison, ces petits *éduqués civiquement* renfer-
ment dans leur petit corps d'enfants les
grands défauts, les passions brutales et

charnelles des hommes corrompus par le vice et la débauche. La force seule leur manque. Jamais ils n'ont montré autant de toupet et d'impertinence que de nos jours. Serait-ce un signe des temps ? Il est vrai qu'on leur apprend à mépriser ce qu'ils doivent respecter et à respecter ce qu'ils doivent mépriser. Ils n'ont, d'ailleurs, que des exemples funestes, et comme il est plus difficile de pratiquer la vertu que le vice auquel on est naturellement enclin, à défaut de meilleurs exemples, ils n'ont pas l'embarras du choix. Ce qui, autrefois, nous paraissait monstrueux leur semble à eux très naturel. C'est ainsi, qu'en l'absence de croyances religieuses, ils s'habituent insensiblement au mal. Voyez-vous ce gamin qui braille à tue-tête la *Marseillaise* en faisant chorus avec papa et maman ? Eh bien, cela suffit pour contenter certains parents, parmi les plus purs, qui, dans une naïveté voisine de l'abrutissement, s'écrient[1] : « *Nous en f'rons*

un homme! » Dans certaines familles le
sens, moral s'éteint de jour en jour. Ne
croyez pas que la politique soit étrangère
à cet état de choses vraiment déplorable
pour la génération future. — Quant aux
filles *éduquées civiquement*, on veut en
faire aussi, de ces *lycéennes*, des républicaines, en tenue d'ordonnance, *coquelicot
d'un beau rouge Louise Michel, ombrelle
rouge* (très mauvaise couleur pour la vue)
robe ou fichu *réséda*. — Il y a de quoi faire
peur aux bœufs. — Et vive la *carmagnole*,
au nom de la République ! Le programme
n'en parle pas, mais il est tout probable
que, sous peu, on leur donnera des leçons
d'escrime, de boxe et de chaussons; talents
d'agrément et de nécessité qui pourront
leur servir dans les clubs ou même dans
l'armée, si elles ont aussi leurs bataillons
scolaires. Encore une *nouvelle couche civique* qui nous promet des prodiges pour
l'avenir, lorsque les hommes, sous peine de
raccommoder, eux-mêmes, leur linge, se

verront forcés de porter chemises et chaus-
settes *à jour*. Quand la société aura repris
son rang et reconquis ses droits dans le
monde civilisé, on les renverra en nour-
rice (les filles) si elles ne sont pas trop
vieilles, moyen d'acclimatation comme un
autre pour les refaire aux mœurs douces
et paisibles qui doivent être celles de leur
sexe et de leur condition.

Quand on passe en revue tout
ce qui a été fait, surtout depuis la
démission de M. Thiers, on est écœuré.
Ce n'est partout que bouleversements,
que renversements. On croirait que l'ennemi a passé par-là, ravageant tout, met-
tant tout sans-dessus-dessous, agissant
sans trêve ni merci, sans gêne ni pudeur,
se souciant peu du qu'en-dira-t-on, ne
ménageant aucune de ces susceptibilités
si faciles à froisser qui relèvent de la
conscience et des convictions, n'écoutant
ni plaintes ni protestations, allant toujours,
détruisant toujours. Une de nos grandes

institutions échappera *seule* à cette folie du remaniement. Nous voulons parler de la Chambre. Nos honorables *Porte-voix* n'ont à craindre aucune réduction d'appointements ni de vacances, aucune suppression de congés, aucune atteinte à leur liberté individuelle et à leur inviolabilité. Comme toujours, ils auront la permission de dormir pendant les débats, de faire, durant les séances, leurs correspondances d'affaires industrielles ou commerciales, d'affaires de famille, de réaliser à la buvette parlementaire des économies de café, de soumettre des propositions avec cette légèreté des hannetons qui se piquent la tête contre un mur. Le temps viendra où ils n'auront plus rien à faire, si ce n'est qu'à démolir ce qu'ils ont fait, car toute chose a sa fin. En attendant, nous nous demandons si un gouvernement qui ne peut s'asseoir qu'à l'aide de pinces, de marteaux et de pioches peut décemment proclamer son avènement sous les auspi-

ces de la *Liberté*, de l'*Egalité* et de la *Fraternité*.

Avant la mort de Thiers, la France pou-
vait encore compter un homme d'Etat ;
c'était Thiers, malgré tous les travers de
sa politique. Depuis nous n'avons que des
Brouillons, des Touche-à-tout qui ne doivent leur réputation, leurs chevaux et voi-
tures qu'au dévergondage social. Ils jon-
glent avec les intérêts les plus sacrés de la
société pour se maintenir au pouvoir comme l'escargot à la vigne. En quoi ont-ils
montré leur talent? Est-ce dans la campa-
gne entreprise, sans feu ni poudre, contre
les congrégations, l'expulsion des Jésuites, des princes d'Orléans, la suppression
des tambours, changement de costumes
militaires, organisation de nos finances au
son faux et douteux, l'article 7 qui n'a
pas passé, la découverte d'un ministre de
la guerre, en temps de pénurie, la suppression des aumôniers, celle du traitement de pauvres desservants, les punitions

et réprimandes infligées à de pauvres femmes congréganistes, la fermeture de certaines chapelles et écoles, l'amoindrissement du budget des cultes, la conversion de la rente, suppression des religieuses dans les hôpitaux, la révocation de préfets, de maires, la réforme du serment judiciaire, la création de lycées de jeunes filles (où l'on enseignera la licence) la chasse à Dieu à tir et à courre, etc., etc. ?

Dans tout cela le talent brille par son absence ; la force seule est en jeu pour se débarrasser, au nom de la liberté, de ceux qui vous gênent. Chacun, en son particulier, pourrait en faire autant ; le maître peut chasser son serviteur, voire même un voleur qui peut tuer sa victime. Du talent dans la politique de nos jours il n'est plus question. Et l'expédition en Tunisie, expédition faite à la sourdine, comme bien d'autres choses que nous ignorons, et les affaires d'Egypte où l'on nous a indiqué le chemin de la porte (pas de la Sublime) ;

et le Tonkin où le brave commandant
Rivière doit sa mort, à l'incurie inqualifia-
ble de nos maîtres ! Et tout en un mot !

A propos du Tonkin, PAUL DE CASSAGNAC
vient de déclarer, à la Chambre que :
« *les motifs de la guerre sont inavouables* »
et qu'il y a : « *des concessions de mines
promises à des* RÉPUBLICAINS. »

De quelque côté qu'on se tourne on ne
voit rien de bon ; tout est mauvais pour
le présent et l'avenir. Pour mieux se
se rendre compte de la situation, on n'a
qu'à lire les journaux étrangers de toutes
nuances ; ils sont quelquefois plus sincères que certaines Feuilles de choux
républicaines à deux sous la botte.

Ceux qui aiment la France la plaignent
sincèrement et déplorent la direction dans
laquelle elle se laisse aveuglement con-
duire. Ceux qui ne l'aiment pas ne la
craignent plus et se réjouissent de nos
divisions intestines. Ils se rient des vieilles

rengaines démodées et remodées, employées par les faux républicains, suivant les besoins de la chuse.

CONCLUSION

Les haines et les rancunes de partis au lieu de s'apaiser se sont déchaînées ; les liens sociaux qui nous unissaient sans exception d'opinion ont été rompus. C'est, en quelque sorte, la guerre civile ; les armes blanches ont été remplacées par les discours, les écrits et les votes ; les armes à feu par les décrets et arrêtés ministériels.

Belle politique intérieure que la nôtre ! La politique extérieure ne vaut pas davantage ; elle se traduit par l'aplatissement de notre diplomatie en Europe.

Som me toute, au lieu de faire aimer la République de ceux qui l'a détestaient, vous
êtes parvenus à la faire détester de ceux
qui l'aimaient De votre conduite et de vos
.ctes, voilà tout l'enseignement républicain qu'on peut tirer.

———

Division par tiers de la masse des électeurs inscrits.

Le 1er tiers se compose :

De citoyens d'opinions diverses toutes fort respectables. parmi lesquels se
trouvent de vrais républicains ; tous gens
honnêtes et sincères appartenant à différentes classes de la société.
Tous votent selon leurs opinions politiques.

Le 2e tiers comprend :

Les insouciants, les négligents, les

indécis et ceux qui n'ont aucune opinion de peur d'en avoir plusieurs. — *S'abstiennent ou déposent un bulletin blanc.*

Le 3e tiers renferme :

1re Catégorie. — Des gens également honnêtes mais ignorants, faibles d'esprit, trop crédules, idiots et crétins, fous en liberté.

2me Catégorie. — Ambitieux, haineux et vindicatifs. — Rouge-sang-de-bœuf.

3me Catégorie. — Types qu'on lâcherait au 1er réverbère. — Gibier de potence, aux yeux de hibou, ivrognes, voyous et filous, pickpockets et proxénètes, toute la séquelle des gens à repaires. — Rouge-violet.

Tous votent comme un seul homme et pour la République.

Un ministre disait dernièrement que la République est le seul gouvernement possible en France avec le suffrage universel.

Quels sont ceux qui profitent ?

Les élus seuls sont les heureux.

Les électeurs qui espéraient bonheur et prospérité dans leurs affaires, paix et tranquillité au dedans, relèvement du pays, extension de notre influence au dehors, sont trompés dans leur attente. Autant de mécontents, autant de dupes.

Ceux de la 3me catégorie qui ne désirent que plaies et bosses, vols et pillages, incendies et meurtres, liquidation de la liste sociale, pêche dans le sang et l'eau trouble, ne sont pas encore satisfaits. Autant de mécontents, autant de dupes.

De sorte que

Le Roi dit : « *Mon Peuple.* »

L'Empereur : « *Mes Sujets.* »

La République : « *Mes Dupes.* »

CHARLES.

1893 — Grenoble, imp. Vincent et Perroux.

42

www.ingramcontent.com/pod-product-compliance
Lightning Source LLC
Chambersburg PA
CBHW071011280326
41934CB00009B/2264